Alex

CHASSEURS DE DRAGONS

SUR LES TRACES DE LIAN-CHU

HACHETTE

Créée par Arthur Qwak, Valérie Hadida,
Guillaume Ivernel.
Réalisée par Norman J. LeBlanc.
Adapté du scénario de : *La conjonction des trois lunes.*
Auteur de l'épisode : Laurent Turner.
www.chasseursdedragons.com

Novélisation : Philippe Randol
Illustration de couverture : Valérie Hadida
(mise en couleurs : Katia Wladimiroff)
Conception graphique du roman : François Hacker.

Hachette Livre, 43, quai de Grenelle, 75015 Paris.

AU TEMPS DES CHASSEURS DE DRAGONS...

... le monde est constitué par des îles de toutes tailles, habitées par des paysans bourrus et des seigneurs cupides. Ils sont essentiellement préoccupés par deux choses : manger et ne pas être mangé ! Car ce monde est ravagé par un terrible fléau : d'horribles créatures à l'appétit monstrueux qu'on appelle les

DRAGONS !

Du coup, le métier de chasseur de dragons est devenu indispensable à la survie du genre humain... Gwizdo et Lian-Chu sont deux inséparables chasseurs qui font équipe et négocient leurs services.

LES HÉROS

Gwizdo est le manager de cette PME (Principal Moyen d'Escroquerie). Pour négocier un contrat, il est redoutable : très pointilleux sur les clauses et intraitable sur les prix. C'est le cerveau du tandem !

GWIZDO

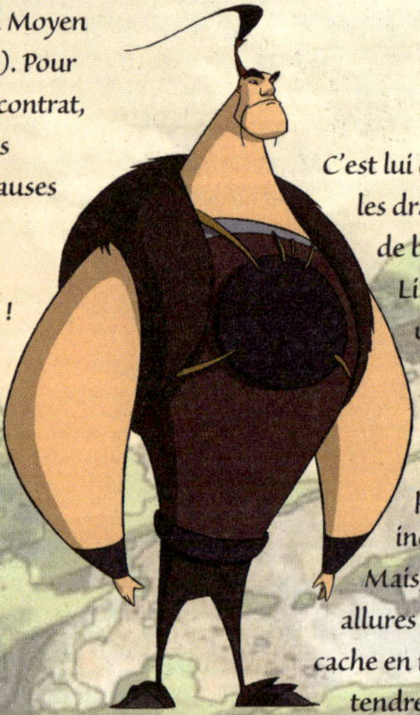

C'est lui qui zigouille les dragons à tour de bras. Car Lian-Chu est une montagne, un géant doté d'une puissance incroyable. Mais, sous ses allures de brute, se cache en fait un cœur tendre...

LIAN-CHU

Hector est un petit dragon qui fait figure d'animal de compagnie. Cependant, ses capacités dépassent largement celles du chien de base : car il piste aussi bien les truffes que les dragons les plus malins ! C'est une brave bête connaissant vaguement les rudiments du langage.

HECTOR

LES DRAGONS

LES BOURDONZES

Des morphales volants aux dents très acérées, très carnivores, qui se déplacent en essaim. Là où ils passent, généralement ça trépasse.

L'HORREUR ROSE

Ça vous grille un mouton à plus de trente pas. C'est très méchant quand ça défend son territoire et encore plus quand il y a des petits dans le coin.

LE TANIMBAR

Un monstre à la combustion fulgurante, qui lance des boules de feu grosses comme des pastèques ; quand il est fou furieux, ça donne un joli feu d'artifice !

Âgée de dix ans, Zaza est la plus jeune fille de Jeanneline. C'est l'amie de Lian-Chu, qu'elle admire. Son rêve le plus cher : partir chasser le dragon avec Gwizdo et Lian-Chu.

ZAZA

LE SAINT-GEORGES

Une drôle de machine qui sert aux chasseurs pour se déplacer d'île en île. C'est Hector qui pédale comme un forcené pour faire avancer l'engin, pendant que Gwizdo est au gouvernail. D'habitude, Lian-Chu se tient à l'arrière, il tricote…

Patronne de l'auberge du Dragon-qui-ronfle, Jeanneline prépare une cuisine raffinée à base de viande de dragons qu'elle se procure auprès de Gwizdo et de Lian-Chu, en échange du gîte et du couvert.

JEANNELINE

LE RAMADUR ADULTE

Avec ses ailes et ses pattes griffues, cette créature immense, très féroce, crache du feu comme un lance-flammes – avec son arrière-train.

Une bête pas facile à chasser. Énorme, coriace, très effrayant, il crache des flammes et se déplace en volant. Signe particulier : il raffole des épis de maïs.

LE NÉLICON JOUFFLU

LE MARTEAU-PILON

(aplatissus marteaupilonus horribilis)
Ce monstre hideux à la mâchoire gigantesque dévore tout ce qui passe à sa portée : récoltes, réserves, légumes au sirop, brouettes... Une vraie calamité !

1

SAPERLOTTE DE SAPERLOUILLE !

Décidément, la vie de chasseur de dragons n'est pas de tout repos… Gwizdo est bien placé pour le savoir ! Celui qui arrange les contrats, puis fait faire tout le travail par son ami Lian-Chu, pensait pourtant s'en tirer à bon compte sur ce coup-là ! Un petit dragon ridicule sur une île voisine – une affaire courante, quoi – et *hop !* Par ici la monnaie !

Sauf que le petit dragon ridicule poursuit en ce moment Gwizdo, qui a bien du mal à éviter les flammes que la bête crache régulièrement sur son postérieur !

— Lian-Chu, mais qu'est-ce que tu fais ?! hurle-t-il, hors d'haleine.

Lian-Chu est assis tranquillement sur un rocher, l'air songeur. Hector, le petit dragon domestique à ses côtés, ne comprend pas vraiment ce qui se passe, lui non plus. Pourquoi Lian-Chu ne réagit-il pas ?

— J'ai pas très envie de bouger,

là, répond Lian-Chu d'une petite voix.

Gwizdo, qui continue sa course autour du rocher, en a le souffle coupé.

— Comment ça, t'as pas envie ? rugit-il. Je te rappelle qu'il y a un contrat à la clef. Alors, envie ou pas, faut y aller, mon vieux !

Le monstre, perché sur des pattes aussi fines que des échasses, envoie un nouveau jet de flammes. Ça devient très, très chaud pour Gwizdo ! Il préfère se réfugier dans un arbre tout proche, où il se croit en sécurité. Mais un nouveau jet de flammes commence à brûler la base du tronc.

— Lian-Chu ! crie Gwizdo. Faut te ressaisir ! T'es un champion ! Ce dragon, tu vas n'en faire qu'une bouchée !

Mais Lian-Chu ne semble pas décidé à bouger le petit doigt. L'arbre se met à vaciller. Soudain, il bascule vers le sol en entraînant son occupant complètement affolé.

— Aaaaahhhhhh !!!

L'arbre termine sa chute en équilibre fragile : la moitié sur l'île, l'autre moitié au-dessus du vide. Mort de frousse, Gwizdo essaie de rejoindre la terre ferme en rampant sur le tronc. Mais il est stoppé net par un petit détail : face à lui, le dragon s'avance, menaçant !

— Je voudrais surtout pas avoir l'air de me plaindre, lance Gwizdo, désespéré, mais si quelqu'un pouvait faire quelque chose pour moi…

Hector trouve lui aussi que la plaisanterie a assez duré et tente d'alerter Lian-Chu :

— Agrabouif… Tchu… Zdo… Groblem !!!

Dos à la scène, Lian-Chu ne se retourne même pas. Le dragon n'est plus qu'à quelques centimètres de Gwizdo, quand son poids déséquilibre le tronc, qui se met à glisser vers le vide.

— Oh, noooonnnnnn !!!

Gwizdo, complètement paniqué, voit sa dernière heure arriver. Heureusement, la base du tronc se coince dans une racine et l'arbre se bloque brusquement. Déséquilibré, le monstre tombe dans le vide, en passant juste au-dessus de la tête de Gwizdo, fermement accroché au tronc. Celui-ci n'en croit pas ses yeux. C'était moins une ! Il rampe en direction de la terre ferme. Finalement, il y a eu plus de peur que de mal !

2

LIAN-CHU A LE BLUES

Dans le Saint-Georges, l’appareil volant qui sert aux chasseurs à se déplacer d’île en île, l’ambiance n’est pas à la fête. À l’arrière de l’engin, Lian-Chu semble toujours aussi absent. Gwizdo essaie par tous les moyens de tirer cette affaire au clair.

— Bon alors, Lian-Chu, tu ne veux toujours pas me dire ce qui se passe ? Non, poursuit-il en ronchonnant, parce qu'au cas où tu ne l'aurais pas remarqué, on vient de paumer un contrat, là. Le dragon, on était censés le ramener en chair et en os.

Lian-Chu semble s'en soucier comme de son premier dragon, et regarde dans le vide.

— J'en reviens pas, continue Gwizdo, estomaqué. C'est pas comme si on croulait sous les contrats ! Non, mais qu'est-ce qui t'arrive ? Tu trouves qu'on n'est pas assez pauvres comme ça, hein ?

Lian-Chu lance un regard triste

à Gwizdo, qui comprend de moins en moins.

— Lian-Chu, c'est moi, Gwizdo. Tu te souviens : la ferme aux Orphelins, la mère Poulard, tout ça… Gwizdo, celui à qui tu tricotes des pulls horribles pour l'hiver… Allez, tu peux me le dire à moi pourquoi t'es triste…

Lian-Chu ne réagit toujours pas, et le voyage du retour se poursuit dans le silence.

À leur arrivée, Jeanneline, la patronne de l'auberge du Dragon-qui-ronfle, qui héberge « gracieusement » les chasseurs de dragons en échange de la viande qu'ils lui rapportent, est furieuse.

— QUOI ! VOUS N'AVEZ RIEN RAPPORTÉ !

Devant l'auberge où les chasseurs viennent d'atterrir, Zaza, la fille de Jeanneline, se tient aux côtés de sa mère. Elle s'aperçoit tout de suite que quelque chose ne va pas chez son ami Lian-Chu.

Indifférent à toute cette agitation, celui-ci s'éloigne.

— Dis, Gwizdo, questionne Zaza, qu'est-ce qui lui arrive à Lian-Chu ?

— Je crois bien que monsieur a le blues, répond Gwizdo. Me demande pas pourquoi, y a pas moyen de le savoir.

Bien décidée à se renseigner, Zaza va rejoindre Lian-Chu, qui s'est assis au bord de l'île, les pieds dans le vide. Tous les deux restent un moment silencieux, puis Zaza demande :

— Maman a préparé de la gigue de trépanodor. Tu veux que je t'en rapporte une assiette ?

Lian-Chu hausse les épaules, puis se tourne vers la petite fille en souriant tendrement.

— Quoi, t'as pas faim ? insiste-t-elle.

Lian-Chu secoue la tête.

— T'as pas envie de parler non plus ? Tu veux rester seul, c'est ça ?

Lian-Chu acquiesce. Zaza a compris, il vaut mieux qu'elle s'en aille.

À la nuit tombée, Lian-Chu n'a toujours pas bougé. Des images défilent dans sa tête. Des épisodes douloureux de sa jeunesse. Un

petit garçon qui court à toute allure dans la forêt en pleine nuit pour échapper à un terrible dragon… Le même petit garçon – Lian-Chu, bien sûr – qui réussit à se sauver en se réfugiant à l'intérieur d'un trou dans le sol… Lian-Chu encore, devant son village dévasté par le monstre… Aucun survivant. Ses parents morts. Face à ce drame, l'enfant essuie de grosses larmes en hoquetant… Dans le ciel, trois lunes de différentes grosseurs jusque-là alignées se séparent lentement…

3

UN CLIENT EN OR

Le jour se lève sur l'île de l'auberge du Dragon-qui-ronfle. Tout ébouriffé, Gwizdo sort de sa chambre située à l'étage. Il n'a pas le temps de se réveiller tout à fait que Jeanneline est déjà après lui.

— Gwizdo, y a quelqu'un en bas qui te cherche, lui lance-t-elle.

— Quelqu'un qui me cherche ? demande Gwizdo, le cerveau encore embrumé. Avec ma chance, c'est encore un type à qui je dois de l'argent !

— Tu sais, Gwizdo, le rassure Jeanneline, vu les bijoux qu'il a, ça m'étonnerait qu'il ait besoin de ton argent.

Gwizdo se réveille d'un coup ! Il se penche au-dessus de la balustrade pour regarder à quoi ressemble l'homme, assis à une table. Effectivement, des bagues, il en a plein les doigts, et pas des petites !

Gwizdo, maintenant complètement requinqué, se précipite en bas pour rejoindre le client, qui déguste un grand bol de café fumant.

— Bonjour, Monseigneur, commence-t-il d'une voix mielleuse, j'ai cru comprendre que vous recherchiez Gwizdo et Lian-Chu, les célèbres chasseurs de dragons.

Je peux peut-être vous renseigner...

L'homme lève les yeux vers Gwizdo, qui lui fait son plus beau sourire.

— J'ai besoin de chasseurs pour défendre une foire commerciale que j'organise sur l'île de Malvan, dit-il d'un ton hautain. Vous serez bien récompensés... Un sale dragon infeste le coin et je voudrais...

— Monseigneur, le coupe Gwizdo, enthousiaste, vous êtes le plus chanceux des hommes !

C'est comme si elle était déjà en pièces, votre bestiole !

Et sans attendre, il se précipite dehors pour annoncer la bonne nouvelle à Lian-Chu.

— Ho, Lian-Chu, lance-t-il à la cantonade, tu vas pas me croire, y a un type qui nous propose une fortune pour capturer un petit dragon de rien du tout…

Pour Gwizdo, c'est sûr : Lian-Chu est encore au même endroit que la veille, puisqu'il ne l'a pas vu dans sa chambre. Mais… Lian-Chu n'est pas là.

« Ben, où il est passé ? » se demande-t-il, surpris.

Il retourne vers l'auberge au moment où Zaza en sort en courant. La petite fille lui rentre dedans et tous les deux s'écroulent.

— Gwizdo, annonce-t-elle, paniquée, Lian-Chu a disparu ! Je l'ai cherché partout !

— Disparu ? répète Gwizdo, stupéfait. Non, c'est impossible. Il m'aurait prévenu.

— Y aurait-il un problème ? demande une voix distinguée derrière eux.

C'est le fameux client, très majestueux dans son manteau bleu avec un col en hermine.

— C'est Lian-Chu, m'sieur, répond Zaza. Il a disparu.

Gwizdo se jette aussitôt sur elle pour l'empêcher de parler.

— Disparu… reprend-il avec un grand sourire hypocrite. C'est vite dit… Ah, les jeunes d'aujourd'hui, faut toujours qu'ils exagèrent !

— Alors, il a disparu, oui ou non ?

Puis, devant l'air indécis de Gwizdo, le client se renfrogne :

— Ça va, j'ai compris.

Et il tourne les talons. Gwizdo voit déjà l'affaire juteuse lui passer sous le nez. Il lâche aussitôt Zaza pour lui courir après.

— Attendez, Monseigneur, il y a sûrement un moyen de s'arranger.

— Je n'ai pas de temps à perdre, lance le client sans se retourner. La foire commence dans quelques jours, juste après la conjonction des trois lunes, et il me faut absolument des chasseurs...

Le client n'a pas le temps de terminer sa phrase : Gwizdo, paniqué, attrape un morceau de bois et l'assomme.

— Eh ben, déclare Zaza, qui

n'en croit pas ses yeux. Maman va pas être contente quand elle saura comment tu traites ses clients.

Mais Gwizdo ne fait pas attention à elle.

— Qu'est-ce qu'il vient de dire, là ? demande-t-il, d'un air bizarre. Il a bien parlé de la conjonction des trois lunes ?

— Ben oui, je crois, répond Zaza, surprise.

Gwizdo comprend tout maintenant :

— Saperlotte de saperlouille ! La conjonction des trois lunes ! Pourquoi je n'y ai pas pensé plus tôt ?

Puis, devant la mine de Zaza, qui le regarde, stupéfaite :

— Ah, Zaza, Lian-Chu est rentré chez lui.

— Chez lui ? s'étonne Zaza. Mais... c'est ici chez lui.

Gwizdo secoue la tête d'un air mystérieux...

4

L'ÎLE DE LIAN-CHU

— C'est là que se trouvait son village. Il m'en a pas beaucoup parlé, mais je me souviens du nom. Continuons, on doit plus être très loin.

Gwizdo pointe du doigt un endroit sur la carte qu'il a entre les mains. Avec Zaza et Hector, ils viennent d'arriver sur l'île où Lian-Chu a passé une partie de son enfance. Avant le drame.

Gwizdo range la carte et se remet en route, suivi par ses deux compagnons. En chemin, Zaza ne peut pas s'empêcher de demander :

— Je ne comprends pas pourquoi Lian-Chu ne m'a jamais dit que son village avait été détruit par un dragon.

— Lian-Chu et moi, on est des chasseurs, répond Gwizdo d'un air fier. Et un chasseur, ça ne pleurniche pas sur son passé.

— Ah bon ? rétorque Zaza, ironique. C'est bizarre, j'ai pourtant l'impression que tu n'arrêtes pas de pleurnicher, toi.

Vexé, Gwizdo s'énerve :

— Zaza, que les choses soient claires ! T'es là seulement parce que t'as réussi à convaincre ta mère. Mais crois-moi, j'ai pas besoin de toi pour retrouver Lian-

Chu, ni pour lui parler d'ailleurs.

— Ah oui, réplique Zaza, et pourquoi il t'a pas dit que c'était l'anniversaire de la disparition de son village, alors ?

Gwizdo devient écarlate et serre les poings.

— Hector, retiens-moi ou je vais faire un malheur !

Mais le petit dragon a d'autres chats à fouetter : il vient de repérer quelque chose...

— Agrabouif... Zdo... Tchu...

Au loin, quelqu'un avance d'un pas décidé sur un chemin qui borde une forêt : Lian-Chu ! Gwizdo et Zaza se mettent à crier son nom, en agitant les bras. Mais Lian-Chu, plongé dans ses pensées, poursuit sa route et pénètre dans la forêt. Soudain, il entend un bruit et relève la tête. Il sort son épée, et aperçoit devant lui un petit garçon qui court à perdre haleine.

Et derrière lui, un énorme dragon, une espèce de crabe géant à l'air très menaçant, avec des pinces

impressionnantes. Un djourab. Le dragon qui a rasé le village de Lian-Chu quand il était petit !

Le chasseur s'élance aussitôt dans leur direction. De son côté, le garçon trébuche sur une racine. Le monstre s'approche alors, les pinces grandes ouvertes pour s'emparer de sa proie. Mais au dernier moment, Lian-Chu surgit, accroché à une liane, et attrape le garçon au vol. Tous deux terminent leur course dans un gros buisson. Lian-Chu plaque l'enfant contre le sol et lui fait signe de se taire.

La bête essaie de repérer leur odeur, mais renonce assez vite et s'éloigne dans une autre direction.

Après un moment, Lian-Chu se tourne vers le garçon et lui montre une des baies de l'arbuste dans lequel ils sont cachés.

— Le parfum des baies a masqué notre odeur, dit-il d'un ton rassurant.

Mais le petit garçon est tout sauf rassuré.

— Mon village, pleurniche-t-il, ce dragon va retourner détruire mon village.

Touché par cette histoire qui ressemble beaucoup à la sienne, Lian-Chu dit doucement :

— Oui, je sais ce que tu ressens. Ça m'est arrivé à moi aussi.

Le garçon le regarde sans comprendre, puis lui lance un regard implorant.

— Vous allez m'aider, hein, m'sieur ?

C'est à ce moment-là que Gwizdo débarque avec Hector et Zaza, à la grande surprise de Lian-Chu.

— Écoute, petit, Lian-Chu t'a déjà sauvé la vie. Et *gratis* en plus.

Alors, faut peut-être pas trop en demander, hein ! Et puis, continue Gwizdo, il a quelque chose de drôlement urgent à faire. Alors, il peut pas rester, tu comprends ?

Gwizdo s'approche de Lian-Chu pour essayer de le convaincre.

— C'est vrai, Lian-Chu, au cas où la survie de notre petite entreprise t'intéresserait encore, je te signale qu'un client nous attend à l'auberge avec un énorme contrat.

— Il vous attend, c'est vite dit,

corrige Zaza. Il est plutôt retenu dans un placard par maman, oui !

Lian-Chu, un peu dépassé par la tournure des événements, regarde les autres à tour de rôle, jusqu'à ce qu'une petite voix le tire de ses réflexions.

— S'il vous plaît, m'sieur…

Lian-Chu se tourne alors vers le garçon qui l'implore du regard.

Sa décision est prise.

— Il est où ton village, petit ?

5
LE VILLAGE DE WAROL

Guidés par le garçon, les chasseurs arrivent bientôt à l'entrée d'un petit village constitué de maisons en bois. Aussitôt, un homme et une femme se précipitent vers eux.

— Oh, Warol, mon petit chéri, s'écrie la femme, bouleversée. On était tellement inquiets ! Avec ce dragon à tes trousses, on pensait que…

— Maman, papa, la coupe le garçon en souriant, ce monsieur-là m'a sauvé la vie. Il va aussi défendre notre village.

Espérant une bonne affaire, Gwizdo s'interpose.

— Holà ! T'emballe pas, petit ! On n'a encore rien décidé. Des chasseurs de dragons comme nous, drôlement cotés sur le marché, ça coûte bonbon !

— Mais nous ne sommes que de pauvres bûcherons, soupire le père de Warol.

— C'est bien ce que je pensais, déclare Gwizdo. Bon, Lian-Chu, quand une fortune t'attend à la maison, tu restes pas là à discuter avec des gens qui ne peuvent pas te payer. C'est la loi du marché !

Mais Lian-Chu, le visage grave, et une étrange lueur dans le regard, ne l'entend pas de cette oreille.

— Désolé, Gwizdo. Je reste ici. C'est mon village.

— Mais enfin, s'exclame Gwizdo, stupéfait, tu vois bien que le gamin s'est inquiété pour rien. Tu sais, plus c'est petit, plus c'est peureux.

Zaza ne laisse pas passer une aussi bonne occasion :

— Ah ouais, tu dis ça pour toi, Gwizdo ?!

Gwizdo est tellement déprimé de devoir rester sur place qu'il ne répond même pas.

La nuit est tombée sur le village de Warol. Gwizdo n'a pas le choix : c'est le village de Lian-Chu, après tout, il a le droit de vouloir le protéger. Même si ça ne plaît pas tellement à Gwizdo de rester sur cette île pendant qu'un client l'attend !

Lian-Chu est allé s'isoler au pied d'un arbre, à l'écart des habitations. Zaza et Warol, assis sur un banc devant la maison du garçon, discutent tranquillement. Soudain, ils entendent un sifflement suraigu. C'est Gwizdo qui, grimpé sur un rocher à l'entrée

du village, souffle de toutes ses forces dans un sifflet à la forme étrange. À ses pieds, Hector le regarde, amusé.

— Je comprends pas, s'exclame Gwizdo, essoufflé après plusieurs essais. C'était bien un djourab, ce dragon, non ? Et pour autant que je sache, les djourabs, ça raffole des mamulars. Alors pourquoi il rapplique pas dare-dare quand il entend le cri de son dessert préféré, celui-là ?

Hector ricane devant les tentatives ratées de Gwizdo, qui le fusille aussitôt du regard.

— Bon, t'as qu'à lui parler, toi. Il va te comprendre. T'es un dragon, après tout !

Une fois sur le rocher à la place de Gwizdo, Hector se met à crier à l'intention du djourab.

— Agrabon… Zontaï… Fissa…

Près de lui, Gwizdo scrute la forêt, en vain. Découragé, il décide de laisser tomber.

— Bah, te fatigue pas, Hector, il viendra jamais, ce fichu dragon ! On va rester bloqués ici jusqu'à la nuit des temps. Je vais me coucher !

Gwizdo se dirige vers les maisons, suivi par Hector, pour aller se reposer chez Warol. Dans le ciel étoilé, trois lunes sont sur le point de se réunir…

6

LA CONJONCTION DES TROIS LUNES

— C'est très beau ! s'exclame Warol, admiratif. C'est la première fois que je vois ça !

Le petit garçon observe le ciel, émerveillé par le spectacle : celui des trois lunes superposées. Warol et Zaza sont toujours assis sur leur banc, mais la petite fille se montre moins enthousiaste que le jeune garçon.

— D'après Gwizdo, la dernière fois que les trois lunes se sont réunies, c'était il y a des années. Et c'était la nuit où Lian-Chu a perdu sa famille.

Warol plaint l'homme qui lui a sauvé la vie.

— Le pauvre ! Ça a dû être affreux.

— Heureusement, continue Zaza, Lian-Chu a été recueilli par la mère Poulard, à la ferme des Orphelins, où il a rencontré Gwizdo.

— Le petit teigneux qui s'agite tout le temps ? demande Warol. Eh ben, dis donc, on peut dire que Lian-Chu a vraiment pas de chance !

— C'est pas quelqu'un de méchant, Gwizdo, tu sais, explique Zaza. Lian-Chu l'aime beaucoup. On pourrait croire que c'est Lian-Chu qui veille sur Gwizdo, mais en fait, c'est souvent le contraire. C'est Lian-Chu qui me l'a dit.

Les enfants ignorent que de son lit, par la fenêtre ouverte, Gwizdo écoute leur conversation. Il est tout remué par ce qu'il vient d'entendre. Il se lève et décide d'aller voir Lian-Chu, toujours assis au même endroit, au pied de l'arbre, un peu à l'écart du village.

— Alors, comment ça va, mon grand ? demande-t-il.

Lian-Chu fait une moue qui semble dire : « Mouais, pas trop bien. » Les deux amis restent un moment silencieux. Puis, Lian-Chu se met enfin à parler.

— Si tu avais vu ça, Gwizdo. Il ne restait plus rien. Que des ruines. Un vrai massacre. J'essaie de ne pas trop y penser, ça me fait mal, même maintenant.

Gwizdo regarde son ami, très ému.

— Je comprends ce que tu ressens, Lian-Chu. Moi, ça me fait pareil avec ma famille.

Lian-Chu se tourne vers lui, surpris. Jamais il ne lui a encore parlé de ça.

— Ah bon, je l'ignorais...

Puis, ne voulant pas se montrer indiscret, il change de conversation :

— Alors, dis-moi, tu ne m'en veux pas trop pour ce contrat ?

— Des contrats, on en aura d'autres, hein. Même si celui-là, il était vraiment énorme ! On aurait empoché un tas d'or comme t'en as jamais vu – et moi non plus d'ailleurs...

Mais Lian-Chu n'écoute plus, il fixe le ciel, les yeux grands ouverts. Les trois lunes se confondent maintenant à la perfection.

— Regarde, Gwizdo ! C'est à ce

moment-là que le dragon a attaqué mon village. Je n'ai rien pu faire. J'étais trop petit. Mais maintenant, c'est différent.

Lian-Chu n'a plus l'air triste : il se redresse, l'air déterminé. Soudain, un cri impressionnant résonne dans la nuit. Gwizdo affiche un grand sourire.

— Ah, le voilà enfin. Eh ben, c'est pas trop tôt.

Nouveau cri, encore plus terrible. Cette fois, Gwizdo ne fait plus le malin.

— Pars, Gwizdo ! lui ordonne Lian-Chu. Je veux régler ça tout seul.

— O.K., pas de problème, mon grand. Dans ton état, je veux surtout pas te contrarier.

Gwizdo dévale la pente à toute vitesse pour rejoindre le village.

— Et si t'as besoin d'aide, tu m'appelles, hein ! crie-t-il sans se retourner.

7

LE DUEL

Près du village, le monstre avance d'un pas lourd, l'air féroce, pinces en avant. Surgissant de derrière un arbre, Lian-Chu vient se mettre en travers de son chemin, l'épée à la main. Le dragon s'arrête un moment, surpris par cet obstacle inattendu, puis après un temps d'observation, se précipite sur lui en grognant.

Avec son épée, Lian-Chu lutte comme il peut contre les deux armes surpuissantes de la bête.

Soudain, d'un brusque coup de pince, le monstre éjecte Lian-Chu dans les airs. Il atterrit quelques mètres plus loin, dans un buisson. Le monstre le cherche frénétiquement des yeux. Il respire l'air pour retrouver sa trace.

Heureusement, le buisson dans lequel Lian-Chu a atterri porte les mêmes baies qui ont déjà permis de sauver la vie de Warol.

Lian-Chu retient sa respiration pour ne pas se faire repérer. Impossible pour le dragon de se laisser guider par l'odeur !

Il finit par changer de direction et avance vers le village.

Pendant ce temps, réfugiés

dans la maison de Warol, Zaza et Hector regardent par la fenêtre pour voir ce qui se passe à l'extérieur. Gwizdo fait les cent pas derrière eux, les mains croisées dans le dos, tout en essayant d'avoir l'air détendu.

— Vous inquiétez pas, les amis ! Lian-Chu était tellement remonté qu'il va en faire une bouchée de votre dragon !

Soudain, Hector se tourne vers Gwizdo, paniqué.

— Agrabon… Zdo… Groblem !

— Quoi, comment ça, il arrive ?! s'exclame Gwizdo. Laisse-moi voir ça !

Il pousse Hector et se penche à la fenêtre. Effectivement, le djourab remonte d'un pas lourd la rue du village. Sa silhouette est tellement impressionnante qu'ils en ont tous froid dans le dos. Gwizdo n'en croit pas ses yeux.

— Et Lian-Chu ? demande-t-il, angoissé. Il est passé où Lian-Chu ?

Il se tourne brusquement vers Hector :

— Tu devrais aller lui parler, toi. Oui, c'est vrai quoi, entre dragons, vous allez sûrement vous comprendre !

Hector se frappe le front avec sa patte. Ça va pas, non ?!

— Agrabouif… Agraniet… Pabonidé !

Mais Gwizdo ne lui laisse pas le choix. Il attrape le petit dragon par la peau du cou, ouvre la porte et le jette dehors.

— Allez, mon bon Hector, dit-il d'un ton mielleux. N'oublie pas, on est tous derrière toi… Enfin, derrière la porte.

Le djourab ne met pas longtemps à repérer le nouveau venu. Il avance lentement vers le petit dragon. Tentant le tout pour le tout, Hector essaie de lui parler, malgré sa peur.

— Bograbong… Bôfrer… Pabobo…

Pour toute réponse, le djourab, qui est maintenant tout près de lui, lève ses pinces gigantesques, menaçant. Complètement paniqué, Hector recule, mais il ne peut pas aller très loin : il se retrouve bientôt le dos collé à la porte de la maison de Warol. Soudain, une voix retentit :

— Ne t'inquiète pas, Hector ! Je m'en charge.

Un peu sonné après sa valse dans les airs, Lian-Chu est de nouveau sur pied. Se tenant derrière le djourab, il tranche d'un coup d'épée l'extrémité de la queue du dragon. Furieux, le monstre se retourne aussitôt et pousse un rugissement terrible. Il lève ses pinces vers Lian-Chu et les referme sur lui, en le soulevant du sol.

Lian-Chu se retrouve enserré entre les tenailles du monstre. Puisant alors dans ses dernières forces, il soulève son épée et, d'un geste vif comme l'éclair, abat son arme sur une des pinces, puis sur l'autre.

Lian-Chu retombe lourdement sur le sol. Le dragon essaie bien de faire claquer ses pinces, mais elles ne réagissent plus. Impuissant, il pousse un cri déchirant, et disparaît du village pour s'enfoncer dans la forêt.

Toujours collé contre la porte, Hector sourit. Lian-Chu a finalement vaincu le djourab ! Puis, la porte s'ouvre brusquement, bousculant Hector au passage, et Gwizdo se précipite vers son ami.

— Bravo, Lian-Chu ! lance-t-il en riant. C'est toi le meilleur ! Je l'ai toujours dit.

Épuisé, un genou à terre, Lian-Chu ne dit d'abord rien. Puis, tout à coup, comme un cri de délivrance, il hurle sa victoire contre le monstre qui a détruit son village quand il était enfant.

Un cri de rage à faire trembler les murs.

Dans le ciel, les trois lunes se séparent lentement.

8

BIENVENUE À LA MAISON !

Au petit matin, le calme est revenu dans le village, débarrassé définitivement du terrible dragon. Après quelques heures d'un sommeil bien mérité, tout le monde a l'air de bonne humeur. Devant sa maison, Warol sert la grosse main de Lian-Chu.

— Merci, m'sieur. Je n'oublierai jamais ce que vous avez fait pour mon village.

— C'était aussi mon village avant, tu sais, Warol, répond Lian-Chu dans un sourire. Je devais le faire.

— À charge de revanche, réplique le petit garçon. Moi aussi, un jour, je deviendrai chasseur de dragons !

Warol se tourne vers Zaza et lui fait un clin d'œil complice :

— Et j'aurais peut-être une partenaire, moi aussi...

Zaza, plutôt flattée d'avoir conquis le cœur du garçon, prend un air détaché.

— On verra… Ça peut se discuter…

Impatient, Gwizdo tape du pied sur le sol.

— Dites, je ne voudrais surtout pas vous déranger... Mais vous croyez pas qu'on a déjà perdu assez de temps comme ça ?

Retour à l'auberge du Dragon-qui-ronfle. Le voyage a été plutôt calme… mais pas Gwizdo ! Impatient de retrouver son cher client, et un peu inquiet quand même sur les conditions de son séjour forcé, il n'a pas arrêté de parler du contrat juteux qui les attend...

Mais à l'arrivée, il déchante : le type aux énormes bagouzes n'est plus là. Adieu, foire, dragon et récompense ! Gwizdo est furibard.

— Comment ça, t'as pas pu le retenir ? crie-t-il à Jeanneline, dans la salle principale de l'auberge. Une fortune pareille, ça ne se laisse pas filer ! Jamais !

Il est monté sur une table tellement il est hors de lui.

— Tu sais, Gwizdo, lui répond Jeanneline tranquillement, séquestrer un client, ça n'a jamais été bon pour le commerce.

— Mais c'était pas un client, proteste-t-il. C'était *le* client.

Jeanneline hausse les épaules et se dirige vers la cuisine.

— Oui, ben, j'ai peut-être pas su retenir *le* client comme tu dis. Mais je voudrais pas perdre les miens. Au moins ils me paient, *eux*.

Gwizdo ne trouve rien à répliquer. Il est bien obligé de reconnaître qu'elle n'a pas tout à fait tort...

À l'extérieur, Zaza et Lian-Chu sont assis côte à côte au bord de l'île, les pieds dans le vide, quasiment au même endroit qu'avant leur départ.

— C'est pas plus mal que vous ne repartiez pas tout de suite, déclare la petite fille. Tu vas pouvoir te reposer un peu.

Lian-Chu fait la moue, et c'est d'un air très sérieux qu'il lui demande :

— Zaza, tu voudrais bien faire quelque chose pour moi ?

La petite fille est un peu inquiète par le ton grave de son ami.

— Bien sûr, répond-elle, soucieuse.

— Est-ce que tu crois qu'il reste encore un peu de gigue de trépanodor ?

La petite fille sourit. C'était une blague ! Et la preuve que son ami Lian-Chu va mieux !

— Bouge pas, Lian-Chu, je vais voir ça tout de suite !

Zaza se lève d'un bond et se précipite vers l'auberge. Lian-Chu regarde la petite fille s'éloigner et sourit : il est de retour chez lui…

FIN

QUELS NOUVEAUX DRAGONS GWIZDO ET LIAN-CHU DEVRONT-ILS AFFRONTER ?

POUR LE SAVOIR, TOURNE VITE LA PAGE !

Pour nos chasseurs de dragons préférés, l'aventure continue !

Dans le 10e livre de la série Chasseurs de Dragons : DRAGON-SURPRISE

Zaza est bien décidée à prouver qu'elle aussi, peut être une chasseuse de dragons hors pair ! Elle part donc sur l'île des Trois Sirènes pour dénicher un mystérieux dragon dont tout le monde parle... et que personne n'a jamais vu ! Mais quand Zaza arrive sur l'île, rien ne se passe comme prévu...

LES AS-TU TOUS LUS ?

Retrouve tous les incroyables dragons chassés par Lian-Chu et Gwizdo dans les histoires précédentes...

Zoria la terreur des dragons

Zaza, aventurière en herbe

Le trésor de la mine perdue

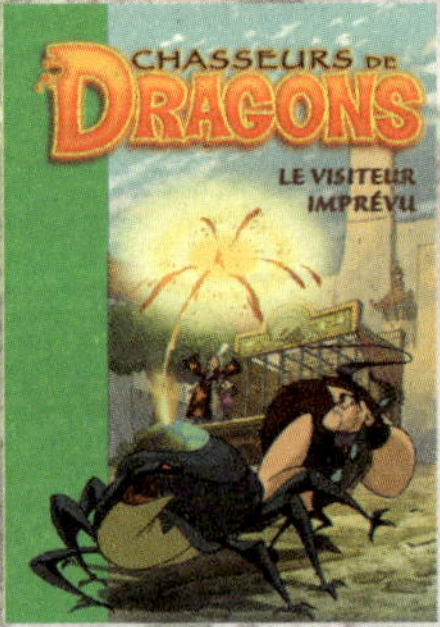

Le visiteur imprévu

Le dragon par la queue

Dragon des hautes neiges

Mauvais œil

Le retour de Zoria

www.bibliothequeverte.com
Le site de tes héros préférés
LA BIBLIOTHÈQUE VERTE
TES SÉRIES PRÉFÉRÉES
CONCOURS
QUOI DE NEUF ?
L'ATELIER
LA BOUTIQUE
BIBLIOTHÈQUE VERTE
LA BIBLIOTHÈQUE VERTE

ON N'EST PAS LÀ POUR TRICOTER,
2 NOUVEAUX DVD SONT SORTIS !!!
© MMIV Futurikon - France 3
*Musique du générique interprétée et enregistrée par The Cure pour Lost Music Ltd.
Musique du générique par The Cure*
CHASSEURS DE DRAGONS
CHASSEURS DE DRAGONS
avec canal J
et france 3
Citel VIDEO

TABLE

« Pour l'éditeur, le principe est d'utiliser des papiers composés de fibres naturelles, renouvelables, recyclables et fabriquées à partir de bois issus de forêts qui adoptent un système d'aménagement durable. En outre, l'éditeur attend de ses fournisseurs de papier qu'ils s'inscrivent dans une démarche de certification environnementale reconnue. »

Imprimé en France par Jean-Lamour - Groupe Qualibris
Dépôt légal : mai 2008
20.07.1650.9/01 – ISBN 978-2-01-201650-7
Loi n°49-956 du 16 juillet 1949
sur les publications destinées à la jeunesse